BEI GRIN MACHT SICH IHR
WISSEN BEZAHLT

Bibliografische Information der Deutschen Nationalbibliothek:

Die Deutsche Bibliothek verzeichnet diese Publikation in der Deutschen National-
bibliografie; detaillierte bibliografische Daten sind im Internet über http://dnb.d-
nb.de/ abrufbar.

Impressum:

Copyright © 2015 GRIN Verlag
Druck und Bindung: Books on Demand GmbH, Norderstedt Germany
ISBN: 9783346123411

Dieses Buch bei GRIN:

https://www.grin.com/document/520590

Julia Eydt

Der Gesundheits- und Krankheitsbegriff in den Apophthegmata Patrum. Welches Begriffs-, Ursachen- und Wirkungsverständnis lag den Wüstenvätern und -müttern zugrunde?

GRIN Verlag

GRIN - Your knowledge has value

Der GRIN Verlag publiziert seit 1998 wissenschaftliche Arbeiten von Studenten, Hochschullehrern und anderen Akademikern als eBook und gedrucktes Buch. Die Verlagswebsite www.grin.com ist die ideale Plattform zur Veröffentlichung von Hausarbeiten, Abschlussarbeiten, wissenschaftlichen Aufsätzen, Dissertationen und Fachbüchern.

Besuchen Sie uns im Internet:

http://www.grin.com/

http://www.facebook.com/grincom

http://www.twitter.com/grin_com

Der Gesundheits- und Krankheitsbegriff in den *Apophthegmata Patrum.*

Welches Begriffs-, Ursachen- und Wirkungsverständnis lag den Wüstenvätern und -müttern zugrunde?

Inhalt

1. Fragestellung

Dass Krankheit ein vielschichtiger Begriff zu sein scheint, der ein sehr unterschiedliches Verständnis zu verschiedenen Zeiten und Umgebungen umfasste, zeigen sowohl die Quellen der Heiligen Schrift, die historischen Quellen der Medizingeschichte als auch die aktuellen Definitionsversuche im medizinischen Kontext der heutigen Tage.

Verfolgt man die Begriffsgeschichte bis in die Gegenwart, so reicht dieser Bestimmungszusammenhang von einem Dualismus zwischen Seele und Leib, über ein fremdbestimmtes Ereignis zur Läuterung der Menschheit bishin zu einer klar auf die beobachtbaren Symptome hin ausgerichteten Krankheitsvorstellung, die vorrangig als indexikalisch und weniger als gesamtheitlich zu betrachten ist.

Zunehmend ist in der Debatte um ein adäquates Krankheitsverständnis und die sinnvollen Wege zur ganzheitlichen Genesung die weisheitliche Literatur herangezogen worden, sowohl aus dem asiatischen Kulturraum als auch in der Wiederentdeckung frühchristlicher Schriften, wie wir sie in den Apophthegmata Patrum vorfinden.

Ob und inwieweit von einem Krankheits- und Gesundheitsverständnis bei den Wüstenvätern und Wüstenmüttern gesprochen werden kann, gilt es in dieser Arbeit zu beleuchten, aber auch welche Ursprünge diesem Verständnis zugrunde liegen können.

Um diese Ursprünge herauszustellen, ist es notwendig, klar zu definieren, welcher Zusammenhang zwischen Leib und Seele gesehen wurde, welches Krankheitsverständnis der frühchristlichen Zeit zugrunde lag und wie dieses auch die Wüstenväter und –mütter prägte.

Ziel der Arbeit ist es nicht, speziell die „akedia" als „traurige Verdrossenheit" in den Fokus zu nehmen, sondern anhand der Hinweise, die sich sowohl in den Apophthegmen als auch zwischen den Zeilen befinden, eine allgemeine Vorstellung von Krankheit und Gesundheit abzuleiten, wie sie die Wüstenväter und Wüstenmütter womöglich verstanden haben.

Innerhalb des Konzeptes von Krankheit und Gesundheit gilt es auch zu analysieren, welche Maßnahmen sowohl der Gesunderhaltung dienlich sind, aber auch inwieweit Krankheit funktionelle Aspekte vereint, aus denen ein etwaiger Mehrwert für die Persönlichkeit geschaffen werden kann.

Eine umfangreiche Darstellung der Krankheits- und Gesundheitsthematik in den Apophthegmata Patrum kann die vorliegende Arbeit nicht leisten, da ihr Anspruch in erster Linie darin besteht, für das Thema zu sensibilisieren und dazu anregen soll, die Weisheitsliteratur unter dieser Fragestellung zu lesen.

Neben einer spezifischeren Lesart besteht ein ebensolches Anliegen auch im Definitionsversuch und einer überblicksartigen Einführung in die einzelnen Komponenten, die mit der Fragestellung korrelieren.

Zur Quelle der Apophthegmata Patrum lässt sich sagen, dass es sich hierbei um die bedeutendste Sammlung mündlicher Aussprüche der frühen christlichen Wüstenmönche handelt, die in koptischer oder griechischer Urabfassung vermutlich Ende des 5. Jahrhunderts entstanden und fortlaufend in verschiedene Sprachen übersetzt worden ist1. Der Redaktor dieser Sammlung, der personell unbekannt ist, griff bereits auf vorhandenes Material zurück, da er sich selbst als Sammler entsprechender Erzählungen, Berichte und überlieferter Aussprüche verstanden hat. Die Arbeit des Redaktors bestand darin, die tradierten Quellen in ein System zu bringen und sie alphabetisch zu ordnen. Aufgrund der häufigen Übersetzungen konnten die Apophthegmata Patrum, die auch unter den Begriffen Gerontikon und Alphabeticum bekannt sind, weitreichend verbreitet werden. Die von mir verwandte deutsche Übersetzung von Bonifaz Miller orientiert sich an der griechischen Sammlung von J.B. Cotelier, wonach die Reihe der Väternamen alphabetisch angeordnet ist[2]. Ergänzt wird die Ausgabe durch Material der lateinischen Überlieferung. Für notwendige Vergleiche und Querverweise ist die Verwendung der Heiligen Schrift unabkömmlich. In der vorliegenden Arbeit habe ich hierzu die Einheitsübersetzung verwendet.

---

[1] Miller, Bonifaz: Weisung der Väter. Apophthegmata Patrum, auch Gerontikon oder Alphabeticum genannt, Bautzen 1974, S.9.
[2] Ebenda, S.4.

2. Erläuterungen zum Körperbegriff und das Verhältnis von Leib und Seele als Grundlage des Krankheits- und Gesundheitsbegriffs

2.1 Leib und Körper- ein synonymer Begriff?

In der philosophischen Betrachtungsweise ist der Leibbegriff viel weiter gefasst als die Vorstellung eines materiellen, physischen Körpers mit der Vielzahl seiner physiologischen Eigenschaften. Der Leib-Begriff beinhaltet den des Körpers als Bezeichnung für die physische Grundlage der menschlichen Existenz, doch liegen ihm die Fragen nach der Unterscheidung eines beseelten und unbeseelten Körpers ebenso zugrunde, wie die nach der Leiblichkeit als „unmittelbares Daseinsmedium"[3]der menschlichen Identität.

Da an den Leib-Begriff stets der Zusammenhang zwischen konkreter, physischer Realisierung des Ichs und der Bereich des menschlichen Seins, der als Seele bezeichnet wird, gebunden ist, kann eine synonyme Gleichsetzung beider Begriffe nicht bestehen.

In der vorliegenden Arbeit erfolgt die Verwendung von „Leib" jedoch zumeist im rein physikalischen Verständnis von Körper und wird gleichbedeutend mit diesem verwandt.

2.2 Biblisches Verständnis

In der hebräischen Sprache ist eine adäquate Entsprechung des Körperbegriffs vergeblich zu suchen. Die Bezeichnung „basar", im Deutschen mit „Fleisch" zu übersetzen, ist hierbei eine Begrifflichkeit, die sowohl den Menschen in seiner Gesamtheit als auch das fleischliche Muskelgewebe bezeichnet.[4]

Weitere Termini, die versuchen einen Zusammenhang zwischen Leib und Seele herzustellen, können „Herz", als Zentrum der Persönlichkeit oder „Seele" im Verständnis von Geist und Körper als Einheit sein[5]. Dies bedeutet, dass der Mensch nicht über eine Seele verfügt, sondern selbst Seele ist. Die Besonderheit des Herz- Begriffes liegt in der jüdischen Vorstellung manifestiert, das Herz sei vor allen Dingen das Zentrum, in welchem sich die Gott-Mensch-Beziehung konstituiert, verfestigt oder sich in Gänze auflöst. Diese Entsprechungen können jedoch nicht mit dem heutigen Verständnis von Körper gleichgesetzt

---

[3] Haeffner, Gerd: Art. Leib, Leiblichkeit (philosophisch), in: Kaspar, Walter; Baumgartner, Konrad; Bürkle, Horst (Hgg.): LThK 6, 763-764.

[4] Haag, Herbert: Art. Körper, in: Haag, Herbert (Hg.): Bibel-Lexikon, 983.

[5] Dautzenberg, Gerhard: Art. Leib, Leiblichkeit (biblisch-theologisch), in: Kaspar, Walter; Baumgartner, Konrad; Bürkle Horst (Hgg.): LThK 6, 764-765.

werden. Das Griechische verfügt im Vergleich zum hebräischen Wortschatz frühzeitig über einen anthropologisch ausgerichteten Leib-Begriff (σῶμα), der sich dem Körperbegriff, wie wir ihn heutzutage verstehen, annähert. Dieser umfasst demnach alle physischen und physiologischen Komponenten des Leibes und nimmt eine Unterscheidung zum seelischen Zentrum der Persönlichkeit vor[6].

Eine solche Abgrenzung von Leib und Seele als wesentliche Bestandteile des Menschen werden im biblischen Kontext erst durch hellenistische Einflüsse sichtbar. Eine scharfe Trennlinie kommt für beide Komponenten im Alten Testament jedoch nicht in Frage, da sie in der jüdischen Vorstellung einen Zusammenhang bilden, was sich anhand der Wesensbeschreibung des Menschen als „Herz" (1Sam 16,7; 1Kön 10,24), „Fleisch" (Gen 6,3; 9,17), „Seele"(Pss 16,9; 22,15; 119,25), „Geist" (Pss 51,12.14) und „Inneres" (Ijob 30,27; 32,19; Pss 64,7; 139,13) verdeutlichen lässt. Dass die Abgrenzung der Begriffe nur willkürlich zu betrachten ist, zeigt sich mitunter in Formulierungen, die sowohl Einheit von Leib, Geist und Seele implizieren, als auch eine Unterscheidung der Wesensbereiche vornehmen (z.B. Ijob 12,10; 7,11), die insbesondere für Geist und Seele schwierig erscheint. Konzentriert man sich auf Leib und Seele als Hauptelemente des menschlichen Seins, ergibt sich im Alten Testament noch keine klare Hierarchisierung zwischen beiden Bereichen.

Während das AT keine deutliche Trennung zwischen beiden kennt und sich insbesondere auf die Beziehung zwischen Gott und Mensch konzentriert, dessen Darstellung von verschiedenen unterschiedlichen Metaphern begleitet wird, stellt das NT dem irdischen Körper die göttliche Seele entgegen.

Der Körper gilt als Zeichen der irdischen Vergänglichkeit und Sterblichkeit des Menschen im Diesseits und wird zugleich Symbol für die Konkretheit der irdischen Existenz.

Die Seele wiederum, deren Kennzeichnung vor allem in der Unsterblichkeit liegt und der besondere Fürsorge zuteilwerden muss, ist, dem AT folgend, „Atem, Lebensprinzip [...] Sitz der Gedanken und Empfindungen, [...] Person"[7]

Da der sterbliche Leib für die Beziehung zu Gott eine untergeordnete Position einnimmt und die Seele, die zu Gott heraufzieht, Anteil hat an Lohn oder Strafe für die Handlungen des Zeitraumes der irdischen Existenz, kommt ihr eine größere Bedeutung zu.

---

[6] Dautzenberg, Gerhard: Art. Leib, Leiblichkeit (biblisch-theologisch), in: Kaspar, Walter; Baumgartner, Konrad; Bürkle Horst (Hgg.): LThK 6, 764.
[7] van Imschoot, P.: Art. Körper, in: Haag, Herbert (Hg.): Bibel-Lexikon, 983-984.

Die Gegenüberstellung von Körper und Seele als zwei zu unterscheidende Bestandteile des menschlichen Seins sollten jedoch nicht in der Art interpretiert werden, als dass es den Körper zu ignorieren oder gar zu schmähen gilt.

Zwar schildert insbesondere Paulus den Körper als der von der Sünde beherrschte Leib (Röm 6,12), meint jedoch in gleichem Atemzug, dass der Leib ein „Tempel des Heiligen Geistes" (1Kor 6,19) sei. Was Paulus vor allen Dingen meint, ist nicht der Körper, der als sterbliche Hülle vernachlässigt werden soll, sondern vielmehr möchte er den Unterschied aufzeigen zwischen der Art und Weise irdischer Existenz und derer, die uns nach dem Tod in Gestalt himmlischer Körper zu erwarten habe (vgl. 1Kor 15,40). Jesus Christus selbst ist derjenige, der den irdischen, sterblichen Leib einer Verwandlung zuführt und in dieser Position zugleich Heilsbringer und „Arzt" ist.[8]

Die im Corpus Paulinum häufig zu findende Bezeichnung des „Fleisches" für den Körperbegriff (Röm 2,28; 7,14; 8,3), welcher im späteren Körperbewusstsein der Christen häufig negativ konnotiert wurde[9], entstammt den hellenistischen Sprach-und Denkkategorien von denen Paulus durchdrungen gewesen ist. Eine direkte Übertragung auf den weltlichen Sprachgebrauch führte zu Missverständnissen, die den Körper als „Fleisch" (Röm 7,14) in den Bereich des Verachtenswerten verorteten.

Der ursprünglichen Interpretation von Kontrastierung zwischen irdischem und himmlischem Leib folgend, lässt sich feststellen, dass das Fleisch als eine –metaphorisch gesprochene- Grundhaltung des Menschen auf eine Diesseits-Bezogenheit gedeutet werden kann. Eine solche Haltung bedeutet letztlich den Zustand der Gottesferne, der sich im Ausdruck des Fleisches manifestiert (Röm 8,5).

3. Die Mehrdimensionalität des Krankheitsbegriffes

3.1 Medizinisches Krankheits- und Gesundheitsverständnis

Eine Definition von Krankheit im heutigen, medizinischen Sinn, meint zunächst eine Störung organischer oder den Organismus betreffender Abläufe, die in verschiedener Weise die Lebensvorgänge beeinträchtigt.

---

[8] Die Bezeichnung Jesu als Arzt findet sich ab dem 2.Jh.n.Chr. z.B. bei Ignatius: An die Epheser 7,2.

[9] Puijula, Martin: Körper und christliche Lebensweise. Clemens von Alexandria und sein Paidagogos, in: Brandes, Wolfgang; Demandt, Alexander; Krasser, Helmut (Hgg.), Millenium-Studien zu Kultur und Geschichte des ersten Jahrhunderts n.Chr., Berlin 2006, S.6, vgl.S.136.

Als Folge solcher Störungen treten häufig Veränderungen auf, die sowohl „subjektiv empfunden" als auch „objektiv festgestellt" werden können und zudem körperliche, geistige und seelische Bereiche umfassen.[10]

Krankheit ist zudem eine kategoriale Bezeichnung, „für eine definierbare Einheit"[11], der sogenannte symptomatische Erscheinungen zugrunde liegen, die als Indiz für bestimmte Erkrankungen verstanden werden. In der Medizin werden grobe Unterscheidungen zwischen physischen und psychischen Erkrankungen gemacht, von den die psychischen zumeist auch als „psychische Störungen" benannt werden. Greifbar ist der medizinische Krankheitsbegriff vor allem dann, wenn man in Kategorien denkt.

Gesundheit als Gegenbegriff zu Krankheit schließt, laut WHO, ein „völliges körperliches, geistiges, seelisches und soziales Wohlbefinden"[12] ein und ist zugleich davon bestimmt, frei zu sein von eben jenen Störungen und Veränderungen bzw. von deren Nachweisbarkeit auf wissenschaftlicher Ebene.

Für die vorliegende Arbeit ist die Definition psychischer Gesundheit von besonderem Interesse, da sie einige Parallelen zum Ansatz der Wüstenväter und –mütter in den Apophthegmen[13] aufweist: wenn man von psychischer Gesundheit per definitionem spricht, verweist diese auf einen Zustand des Individuums, der von vollkommenem seelischen Wohlbefinden gekennzeichnet ist, welcher wiederum „schützende und ausgleichende Anteile" zur Ursache hat.[14] Zu diesen schützenden Faktoren werden eine Reihe positiver Eigenschaften gezählt, von denen Vertrauen, Anpassungsfähigkeit und Belastbarkeit nur einige wenige sind. Im Zusammenspiel dieser protegierenden Anteile entwickelt sich psychische Gesundheit, die Grundlage einer Gesamtgesundheit des Menschen ist. Eine Disharmonie im seelischen Gleichgewicht führt demnach „zu psychischen Störungen und körperlichen Erkrankungen".[15]

Hinterfragt man die Definitionen von Krankheit und Gesundheit, wie wir sie heutzutage vertreten, kritisch, ergeben sich einige Defizite, die einer vollumfänglich zufrieden stellenden Erklärung beider Begriffe entgegenstehen.

---

[10] Markgraf, Jürgen; Maier, Wolfgang (Hgg.): Pschyrembel. Psychiatrie. Klinische Psychologie. Psychotherapie, Berlin ²2012, S.509, 2.

[11] Ebenda, S.509, 2.

[12] vgl. ebenda, S.364, 1.

[13] Gemeint sind an dieser Stelle selbstverständlich die „Apophthegmata Patrum" und nicht beliebige Apophthegmen.

[14] Markgraf, Jürgen; Maier, Wolfgang (Hgg.): Pschyrembel. Psychiatrie. Klinische Psychologie. Psychotherapie, Berlin ²2012, S.509, 2.

[15] ebenda, S.509, 2.

Demnach müsste sich jeder Mensch, der sich als gesund bezeichnen möchte, in einem Zustand befinden, in dem er von sich behaupten kann, ein „völliges körperliches, geistiges, seelisches und soziales Wohlbefinden"[16] erreicht zu haben.

In der Stichhaltigkeit dieser Aussage führt die Überprüfung an realistischen Gegebenheiten zu Kollisionen, sodass es folglich anmaßend sein müsste, sich selbst als vollständig gesund zu beschreiben, sollte einer dieser Punkte nicht zutreffen.

Mit dem medizinischen Krankheitsbegriff steht es insofern ähnlich, als dass er auf die Überprüfbarkeit klar definierter Symptome aus ist. Da eine umfassende Gesundheit per definitionem nur schwer zu erreichen, der Nachweis einer Krankheit jedoch von wissenschaftlicher Empirie abhängig ist, stellt sich die Frage, ob beide Erklärungsmuster nicht noch einmal überdacht oder ergänzt werden müssten.

3.2 Biblisches Verständnis
3.2.1 Alttestamentlicher Krankheitsbegriff

Im Vergleich zur medizinischen Betrachtungsweise von Krankheit, zeichnet das Alte Testament ein Bild, welches von religiösen und ethischen Überzeugungen geprägt wird.

Der Zustand der Krankheit wird sowohl in der religiösen Umwelt Israels als auch im jüdischen Verständnis selbst, als das Resultat eines sündhaften und nicht gottgefälligen Lebens erachtet.[17] Der Verweis auf etwaige natürliche Ursachen entfällt, da die Krankheit als Strafe JHWHs (vgl. Ex 9,14; Num 12,9; Lev 26,14-16), wenn auch durch dämonische oder satanische Einflüsse hervorgerufen (Hiob 2,7), eingeordnet und letztlich auf ihn zurückgeführt wird[18].

Der Zusammenhang zwischen Sündhaftigkeit des Menschen und zu erwartender Strafe Gottes ist in Anbetracht der israelitischen Vergeltungslehre (Lev 26,14-16; Dtn 28,12f) nachvollziehbar, ergibt jedoch einen Widerspruch zu den Erfahrungswerten, die insbesondere im Buch Hiob (Hiob 1,1) und im Buch Tobit (Tob 1,3) deutlich werden.

Aus diesem Grund wurde die Einseitigkeit, Krankheit ausschließlich als Sündenstrafe JHWHs anzusehen, um den Aspekt der Prüfung und Läuterung erweitert (Hiob 2,3-10) und dient dem Menschen auch als Anlass zur Umkehr (Hiob 33,19-30; Amos 4,10).

---

[16] Markgraf, Jürgen; Maier, Wolfgang (Hgg.): Pschyrembel. Psychiatrie. Klinische Psychologie. Psychotherapie, Berlin ²2012, S.364,1.

[17] Burkhard, I.: Art. Krankheit, in: Haag, Herbert (Hg.): Bibel-Lexikon, 987.

[18] Scharbert, Josef: Art. Krankheit (Krankheit und Heilung im Glauben Israels), in: Müller, Gerhard (Hrsg.): TRE 19, 682

Die Dimension der Vorstellung von Krankheit als offensichtliches Zeichen für Sündhaftigkeit, Gottverlassenheit und Unreinheit lässt sich erst in Hinblick auf den erkrankten Menschen vollends erfassen: Als Erkrankter ist der Mensch als Sünder gebrandmarkt und somit von Isolation und Ausgrenzung aus der Gemeinschaft betroffen (Hiob 19,13-16; Ps 38,12).

Eine Möglichkeit der Heilung von Krankheit wird dem Menschen ausschließlich durch JHWH zuteil[19]. Die Krankheit, die als Strafe, Läuterung oder Aufforderung zur Umkehr, von JHWH kommend, den Menschen verhängt wird, kann auch nur durch ihn vom Sünder genommen werden. In dieser Art und Weise wird JHWH als eigentlicher Arzt und Heiler ausgewiesen, der vor allen Dingen die Seele heilt und befreit.[20]

Einer solchen Heilung kann der Leidende nur zugeführt werden, wenn er sich durch aufrichtige Bußübungen (2Sam 24,18-25), ein Eingeständnis der aufgeladenen Schuld, die Praktik des Fastens (2Sam 12,15-17) und das intensive Gebet (Neh 9,1ff; 9,6ff) als der Genesung würdig erweist.

Zwar kennt das AT auch die Person des Arztes und verschiedene, heilende Mittel[21], jedoch sind beide letztlich nur „Werkzeuge" JHWHs, da die Heilung nur durch seinen Willen herbeigeführt werden kann.

3.2.2 Neutestamentlicher Krankheitsbegriff

Die alttestamentlichen Vorstellungen von Krankheit werden im Neuen Testament teilweise wieder aufgegriffen: So finden wir sowohl dämonische Einflüsse (Lk 13,11.16) als auch sündiges Verhalten (Joh 9,2) als mögliche Ursachen, die zu Krankheit führen können. Die Verbindung von Krankheit und Sünde ist ebenso gegeben wie die Verknüpfung zwischen tätiger Reue und der Hoffnung auf Heilung. Heilung besteht demnach in einem mehrdimensionalen Zusammenhang. Neben der Befreiung von körperlichen, sichtbaren Leiden erfolgt die, als fundamentaler einzustufende, Heilung der Seele, indem diese die Nähe zu Gott wiedererlangt (Mk 2,5; Joh 5,14).

Das Neue Testament nimmt Rückbezug auf alttestamentliche Motive, erweitert jedoch zugleich das Krankheitsverständnis um einen weiteren Aspekt bzw. stellt den Sündenstrafe-Kontext bewusst in den Hintergrund, um eine neue Funktionalität von Krankheit zu eröffnen.

---

[19] Scharbert, Josef: Art. Krankheit (Heilung), in: Müller, Gerhard (Hrsg.): TRE 19, 682.
[20] Burkhard, I.: Art. Krankheit, in: Haag, Herbert (Hg.): Bibel-Lexikon, 988.
[21] Zu den verwendeten Naturheilmitteln zählten u.a. Öl (Jes 1,6), Balsam (Jer 8,22), Feigenbrei (2Kön 20,7) oder auch Fischinnereien wie in Tob 6,4ff.

Demzufolge dient diese nicht in erster Linie der Läuterung und Bestrafung des Menschen, sondern vor allen Dingen der Verherrlichung Gottes (Joh 9,3; 11,4).[22]

Dieser Zusammenhang passt auch zu den Heilserzählungen im NT (Mk 1,29f; Mk 1,32-34; Mt 8,2-4; Lk 5,17-20), die Jesus als den Heilenden ausweisen, der von Sünde und somit auch von Krankheit befreit. Gott selbst erscheint in der Heilung als umso größer und zeigt sogleich den Heilsweg auf, der durch ihn zu erfahren ist.

Als gesund weist sich der Mensch folglich aus, wenn er in der Beziehung zu Gott gestärkt und diese durch den Sündenballast nicht gestört ist[23]. Heilung und Gesundheit beziehen sich im NT auf den Zustand der seelischen Gesundung durch die Gottverbundenheit, was eine zentrale Grundlage für das Verständnis der Wüstenväter darstellt. Körperliches Leid ist Ausdruck einer sündenverursachten Gottesferne oder eine Möglichkeit, Gottes Heilsgeschichte erfahrbar werden zu lassen.

4. Krankheit und Gesundheit in den Apophthegmata Patrum- ein einheitlicher Begriff?
4.1 Was ist Gesundheit für die Wüstenväter und Wüstenmütter?

Mit dem Hintergrund des biblischen Verständnisses von Krankheit, Gesundheit und Heilung gilt es nun genauer zu betrachten, inwieweit sich Parallelen zur Auffassung der Wüstenväter ziehen lassen und wie etwaige Unterschiede auszumachen sind.

Krankheit lässt sich ohne die konkrete Vorstellung von Gesundheit nicht begreifen, weshalb die erste Frage im vorstehenden Kontext lauten muss, wie sich nun der Zustand eines „gesunden" Menschen beschreiben lässt.

Gesundheit ist für die Wüstenväter nicht-der klassischen medizinischen Definition folgend- ein Fehlen des körperlichen Ausdrucks einer Erkrankung, gemessen an einer bestehenden Symptomatik, sondern ein erweitertes Verständnis „im Sinne einer umfassenden Lebenslehre"[24] bzw. einer geübten Lebenspraxis, welche die Erreichung eines „gesunden" Zustandes des Menschen herbeiführen soll, der sich im Vertrauen auf Gott als den Heilenden gründet.[25]

---

[22] Haag, Herbert: Art. Askese, in: Haag, Herbert (Hg.): Bibel-Lexikon, 988.
[23] Eibach, Ulrich: Art. Krankheit (theologisch), in: Kaspar, Walter; Baumgartner, Konrad; Bürkle Horst (Hgg.): LThK 6, 428.
[24] Müller, Barbara: Von der Spannkraft der Seele und der Spannkraft des Körpers nach den ägyptischen Wüstenmönchen, in: Sedmak, Clemens; Bogaczyk-Vomayr, Malgorzata (Hgg.): Patristik und Resilienz. Über die Seelenkraft. Patristisches Kolloquium, Berlin 2012, S.57.
[25] Miller, Bonfaz: Weisung der Väter. Apophthegmata Patrum, auch Gerontikon oder Alphabeticum genannt, Bautzen 1974,S.158 Nr. 451 S.400 Nr. 1154.

Gesundheit meint im Verständnis der Wüstenväter und Wüstenmütter einen umgekehrten Gedankengang: der Mensch, der als Sünder von Gott entfernt ist und somit „krank" geboren wird, muss sich im Verlauf seines Lebens, eben durch die Befolgung jener „umfassenden Lebenslehre" auf Gott zubewegen und durch die Bezwingung bzw. Kontrolle seiner Bedürfnisse, durch die Findung der Herzensruhe, die von tiefer Selbsterkenntnis und einer innigen Beziehung zu Gott geprägt ist, sowie durch ein ausgeprägtes Gleichgewicht an körperlicher und spiritueller Betätigung schlussendlich genesen. Krankheit ist folglich nicht nur ein medizinischer Zustand körperlichen und seelischen Unbehagens, sondern vielmehr ein, uns Menschen anlastender, Allgemeinzustand, den es zu überwinden gilt.

Dieser Gedanke ist insofern interessant, da er den Menschen zu einer besonderen Wachsamkeit veranlasst. Zu dieser Wachsamkeit zählen neben der Selbsterkenntnis auch die Selbstreflexion, die das eigene Verhalten im Umgang mit den Mitmenschen einbezieht und eine seelische Hygiene bewirken soll. Diese zeigt sich vor allem in der konsequenten Umsetzung der Nächstenliebe (Doppelgebot der Liebe, Mt 22,37-40), obwohl diese von (gedanklicher) Anfechtung nicht verschont ist und eigenen Wünschen oft entgegensteht, wie sich in folgendem Apophthegma zeigt:

„Ein Bruder diente einem Vater. Eines Tages entstand am Körper des Greises eine Wunde, aus der viel stinkender Eiter floß. Da sprach der eigene Gedanke zu jenem Bruder, der ihm diente: Geh fort von hier, denn du kannst den Gestank dieser Fäulnis nicht ertragen. Der Bruder aber nahm ein Gefäß und wusch die Wunde des Vaters und sammelte dieses Wasser in dem Gefäß. Um nun diesen Gedanken zu vertreiben, trank er dieses Wasser, sooft ihn dürstete. Da machte sich wieder ein Gedanke an ihn heran und flüsterte ihm ein: Wenn du schon nicht fliehen willst, dann trink wenigstens diesen Gestank nicht.

Der Bruder aber arbeitete weiter und mühte sich und ertrug alles geduldig und trank das Waschwasser der Wunde jenes Greises. Und da er so dem Greise diente, sah Gott auf die Liebe seiner Arbeit und wandelte jenes Waschwasser in reinstes Wasser um und heilte durch eine unsichtbare Arznei den Greis.[26]*

Gesundheit ist ein Terminus, der in dieser Form in den Apophthegmata Patrum nicht vorkommt. Er ist vielmehr zwischen den Zeilen zu lesen, da Begriffe wie Heilung und Finden der Herzensruhe eine Genesung implizieren, die, im Kontext der allgemeinen menschlichen Erkrankung der Gottesferne, von Nöten ist. Heilung erfährt der Mensch jedoch nicht durch

---

[26] Miller, Bonifaz: Weisung der Väter. Apophthegmata Patrum, auch Gerontikon oder Alphabeticum genannt, Bautzen 1974, S.417 Nr. 1180.

einen Arzt, der mithilfe verschiedenster Medikamente und medizinischer Methoden interveniert, sondern durch eine stabile Gott-Mensch-Beziehung, einer inneren Stabilität der Persönlichkeit, die auf dem Fundament der Annäherung an Gott beruht.

Gesundung ist also der Vorgang der Heilung bzw. der Genesung von der angeborenen Erkrankung des Menschengeschlechtes[27] und der zu konsultierende Arzt ist vielmehr Jesus Christus selbst, der den Menschen der vollständigen Heilung zuführt. So sagte Altvater Longinus über sich selbst, als ihn eine schwer erkrankte Frau in Unkenntnis über seine Person danach fragte, wo sie den Abbas finden könne: *„Was willst du von diesem Schwindler? Geh nicht zu ihm: er ist ein Betrüger![...] Gehe, und Gott heilt dich! Denn der Longinus kann dir nicht helfen. "[28]*

4.2 Gestalt und Bedingungen menschlicher Gesundheit
4.2.1 Hesychia- der Zustand „innerer" Gesundheit

Für die Wüstenväter und Wüstenmütter besteht der Weg zur Gesundung bzw. Gesunderhaltung des Menschen aus zwei Ebenen: die deutlich wichtigere ist die psychische Dimension, die dem Individuum den größten Aufwand abverlangt.

Diese psychische Ebene kann mit dem Zustand der Hesychia, der Herzensruhe, gleichgesetzt werden, da diese eine Grundhaltung des Menschen impliziert, die in alle Lebensbereiche eingreift und auf diese Weise das gesamte Leben prägt.

Der Mensch, der die Herzensruhe erlangt, wird *„drei Kämpfen entrissen: Dem Hören, dem Reden, dem Sehen"[29]* (Abbas Antonios), wodurch er sich in der *„Sündenlosigkeit"[30]* (Abbas Arsenios) befindet, da er sich von schlechten Gedanken, Worten und Werken frei gemacht hat. Abbas Poimen bringt hierzu auf den Punkt: *„Lehre deinen Mund sprechen, was in deinem Herzen ist!"[31]*

---

[27] Müller, Barbara: Von der Kraft der Seele und der Spannkraft des Körpers nach den ägyptischen Wüstenmönchen, in: Sedmak, Clemens; Bogaczyk- Vomayr, Malgorzata (Hgg.): Patristik und Resilienz. Über die Seelenkraft. Patristisches Kolloquium, Berlin 2012, S.61.

[28] Miller, Bonifaz: Weisung der Väter. Apophthegmata Patrum, auch Gerontikon oder Alphabeticum genannt, Bautzen 1974S.158 Nr.451.

[29] Miller, Bonifaz: Weisung der Väter. Apophthegmata Patrum, auch Gerontikon oder Alphabeticum genannt, Bautzen 1974, S.17 Nr.11.

[30] Ebenda, S.25 Nr.40.

[31] vgl. ebd., S.243 Nr.738.

Die Wurzel des Übels, welche für die Wüstenväter und –mütter der unbeherrschte Gedanke darstellt[32], wird in der Hesychia abgelegt. Folglich sind die daran anknüpfenden Sünden verhütet und der Weg des Heiles beschritten. Wer die Herzensruhe erreicht, der befindet sich in direkter Nähe zu Gott, was die Seele gesunden lässt:

Der Altvater Alonios sagte: „Wenn der Mensch nicht in seinem Herzen spricht: Ich und Gott allein sind in der Welt- dann kommt er nicht zur Ruhe.[33]

Die Bestimmung des Menschen liegt daher zentral in seiner Beziehung zu Gott, d.h. eine aktive Gott- Mensch-Beziehung ist eine Bedingung für Wohlergehen und psychische wie auch physische Gesundheit. Der Kontaktpunkt zwischen Mensch und Logos bildet wiederum das Herz, welches sich als das Personenzentrum im alttestamentlich-biblischen Verständnis offenbart und der eigentliche Sitz des „Ich", des sogenannten „Selbst" ist. Besteht die Verbindung zwischen Herz und Gott, so konstituiert sich die Herzensruhe und der Mensch ist gesund. Als Antagonist der Hesychia wird die Akedia verstanden, die der seelischen Gesundheit entgegenwirkt, da sie den Zustand der Gottesferne ausdrückt. Darüber hinaus ist die Akedia mit der „Verrohung der Seele"[34] verbunden, was bedeutet, dass eine Ignoranz gegenüber der eigenen und der fremden Gefühlswelt besteht.

Eine Desensibilisierung gegenüber der eigenen Person, des Nächsten und somit auch gegenüber der Beziehung zu Gott ist für den Anachoreten der intensivste Ausdruck von Krankheit. In diesem Zustand ist die Seele blockiert und somit das Zentrum der Gesundheit bzw. der Gesundung. Eine erkrankte Seele kann sich in körperlichen Symptomen äußern, welche wahrgenommen werden müssen und an welchen gearbeitet werden muss. Da die Ursache im Inneren verborgen liegt, erfolgt zuallererst die Heilung der Seele, die u.a. durch die Praktik der Askese angestrebt wird. Findet die Seele wieder ihr Gleichgewicht und kehrt auf den Weg der Hesychia zurück, kann auch der Körper wieder genesen, wie Altvater Antonios treffend beschreibt: *„Ich bin der Meinung: der Leib hat eine naturhafte Bewegung, die ihm angepasst ist. Der Leib ist aber nicht tätig, wenn die Seele es nicht will [...]*[35]

---

[32] Miller, Bonifaz: Weisung der Väter. Apophthegmata Patrum, auch Gerontikon oder Alphabeticum genannt, Bautzen 1974, S.44 Nr. 100.
[33] ebenda., S.60 Nr. 144.
[34] Müller, Barbara: Von der Kraft der Seele und der Spannkraft des Körpers nach den ägyptischen Wüstenmönchen, in: Sedmak, Clemens; Bogaczyk-Vomayr, Malgorzata (Hgg.): Patristik und Resilienz. Über die Seelenkraft. Patristisches Kolloquium, Berlin 2012, S.60.
[35] Miller, Bonifaz: Weisung der Väter. Apophthegmata Patrum, auch Gerontikon oder Alphabeticum genannt, Bautzen 1974, S.21 Nr.22.

Eine Gefahr besteht ausdrücklich bei einer angestrebten, rein auf Erscheinen bedachten Hesychia, der nicht die innere Ruhe und Gesundung, sondern nur ein oberflächlich wahrnehmbares Anzeichen für eben jenen Zustand zugrunde liegt.

Amma Theodora warnt vor dieser unechten Hesychia und beschreibt eindrücklich deren Folgen:

Wiederum sagte sie: „Es ist gut die Herzensruhe zu pflegen [...] Aber wisse: wenn der Vorsatz auf die Herzensruhe gerichtet ist, dann kommt sofort der Böse und beschwert die Seele, in Unmut, in Kleinmut und Gedanken. Er beschwert auch den Leib mit Schwächlichkeit, Nachlassen der Spannkraft, Schlaffheit der Knie und aller Glieder, und er bricht die Kraft der Seele und des Leibes [...][36]

Anhand dieser Aussage wird wiederum der unbedingte Zusammenhang zwischen seelischer und körperlicher Gesundheit assoziiert. Das Ziel der Herzensruhe ist sowohl eine menschliche Grundbestimmung als auch die Gewährleistung für seelische Gesundheit, die nicht losgelöst sein kann von physischem Wohlbefinden.

Möchte man den Begriff der Hesychia genau erfassen, so ist dies nicht unproblematisch, da er zum einen angestrebtes Ziel und erreichbarer Zustand sein kann, zum anderen aber auch ein Weg bzw. Prozess der Genesung. Für alle Aspekte der Hesychia lassen sich ausreichend Verweise finden, eine Deutung in Hinblick auf die Hesychia als Ziel und somit als Gesundheitsideal liegt mir jedoch im Kontext der Fragestellung näher, da dieses sowohl von Anfechtung bedroht sein kann als auch verschiedene „Etappen" durchlaufen muss, um erreicht zu werden.

4.2.2 Die physische Dimension der Hesychia

Von der Anfechtung der Herzensruhe berichten die Wüstenväter des Öfteren[37], da sie die Ursache für die Erkrankung von Seele und Körper bildet.

Besonders erwähnenswert ist an dieser Stelle, dass nicht die Anfechtung an sich ein zu verachtendes Übel ist, sondern vielmehr eine natürliche, uns Menschen in unserer

---

[36] Miller, Bonifaz: Weisung der Väter. Apophthegmata Patrum, auch Gerontikon oder Alphabeticum genannt, Bautzen 1974, S.113 Nr.311.
[37] ebenda, S.15 Nr.1; S.16 Nr.4 und 5; S.17 Nr.11; S.53 Nr.127.

Unvollkommenheit grundgelegte Hilfe, um den Weg zurück erneut erkennen zu können. Abbas Antonios fasst diese ganz natürliche Anfechtung wie folgt zusammen:

„Keiner kann unversucht ins Himmelreich eingehen. Nimm die Versuchungen weg, und es ist keiner, der Rettung findet.“[38]

Verliert man das Ziel der Hesychia vor Augen und kehrt man nicht auf den Pfad des Heils zurück, droht die Gottesferne und somit auch die Entfernung von sich selbst, was letztlich Krankheit nach sich ziehen muss. Die seelischen Anstrengungen sind das Zentrum des Bemühens nach der Herzensruhe, jedoch zeigt sich in folgendem Apophthegma deutlich, dass auch dem Schutz des Leibes eine Bedeutung zukommt, der, gemeinsam mit der Seele, wieder eine Einheit bildet:

Der Altvater Agathon wurde einmal gefragt, was wertvoller sei, die körperliche Anstrengung oder die Bewahrung des Inneren. Der Greis antwortete: „Der Mensch gleicht einem Baume. Die körperliche Anstrengung, das sind die Blätter, die Wachsamkeit über das Innere ist die Frucht. Nachdem nun geschrieben steht: ‚Jeder Baum, der keine gute Frucht bringt, wird ausgehauen werden (Mt 3,10)‘ ist es klar, dass auf die Frucht all unsere Bemühungen sich richten muss, das ist die Bewahrung des Geistes. Aber auch der Schutz durch die Blätter ist notwendig und ein schönes Äußeres: das ist die körperliche Anstrengung.

An dieser Stelle wird die physische Dimension der Hesychia deutlich. Sie ist der „Bewahrung des Inneren" im Verständnis der Wüstenväter untergeordnet, jedoch ist eine Vernachlässigung des Körpers auszuschließen, da die Einheit von Leib und Seele nicht außer Acht gelassen werden darf. Wir finden in diesem Apophthegma die biblischen Vorstellungen deutlich wieder, die sowohl dem Leib als auch der Seele eine Bedeutung zukommen lassen.[39]
Die physische Dimension der Hesychia meint jedoch nicht vorrangig die uns naheliegenden Bereiche ausreichender Nahrungsaufnahme und Körperpflege, sondern vielmehr einen Einsatz der Körperlichkeit zur Unterstützung geistiger Gesundung.
Die Wüstenväter übten sich in kontemplativen Übungen wie dem intensiven Gebet, welches von rhythmischen, sich wiederholenden Tätigkeiten begleitet worden ist. Diese Tätigkeiten

---

[38] Miller, Bonifaz: Weisung der Väter. Apophthegmata Patrum, auch Gerontikon oder Alphabeticum genannt, Bautzen 1974, S.16 Nr.5.
[39] vgl. Mt 6,25; Mt 10,28; Lk 12,23; Apg 2,26; Röm 1,24; 1Kor 6,13.19.20.

konnten aktives Sitzen, aber auch Handarbeiten sein, die die Konzentration auf sich selbst stärken, zu innerer Ruhe zwingen und letztlich (Herzens)Ruhe hervorbringen sollen.

Barbara Müller bringt die Verknüpfung der physischen und psychischen Dimension, die gleichermaßen den Gesundheitszustand des Menschen begünstigt, treffend auf den Punkt: Die Wüstenväter und –mütter versuchten, „das Ziel der Hesychia auch durch physische Anstrengungen und Maßnahmen" zu verfolgen, „von Sitzmeditation mit Handarbeit, hin zu Nahrungsaskese und quasi-sportlichen Leistungen".[40]

Abschließend kommt sie zu dem Fazit, dass „zur Erhaltung der Gesundheit die Pflege und Übung des Körpers mit dazugehören"[41].

Für die Wüstenväter hat körperliche Betätigung eine zentrale Bedeutung, wenn auch gemäßigt und ohne das Gebet und die innere Auseinandersetzung mit sich selbst, sowie die Gottesbeziehung zu stören.

Sie gibt dem Alltag zwischen Fasten, Beten und der Gemeinschaft mit anderen Anachoreten eine Struktur[42]. Das Verständnis von Tätigkeit bzw. Arbeit ist bei den Wüstenvätern sehr vielschichtig[43]. In der körperlichen Betätigung vereinen sich Spiritualität, ein Bestandteil des Weges zu seelischer Gesundheit, sowie ein rein vernunftorientiertes, praktisches Verständnis, dass Arbeit eine gewisse Notwendigkeit im Leben eines Menschen darstellt. Die Arbeit soll den Menschen nicht von seiner spirituellen Verbindung zu Gott abbringen, sie ist jedoch nötig, da Trägheit als sündhaftes Verhalten gilt. Darüber hinaus wohnt ihr auch eine Möglichkeit der Verherrlichung Gottes inne. Diese verschiedenen Betrachtungsweisen von Arbeit sind charakteristisch für die Apophthegmen. So stellt sich für Abbas Antonios die sinnvolle Betätigung als Heilsweg dar, für Abbas Apollo sogar ein mit Freuden empfangener Lohn für dessen geistliche Arbeit. Den Sinnzusammenhang, dass nur derjenige von Gott empfängt, der auch selbst etwas geleistet hat und dies auch auf die körperliche Arbeit bezieht, stellt Abbas Jesaja her:

Wir hörten vom Altvater Jesaja: Er nahm einmal seinen Palmstab zur Hand, ging auf die Tenne und sprach zum Landbesitzer: „Gib mir Getreide!" Der sprach zu ihm: „Du hast doch auch geerntet, Vater?" Er antwortete: „Nein." Da sprach zu ihm der Grundbesitzer: „Wie

---

[40] Müller, Barbara: Von der Kraft der Seele und der Spannkraft des Körpers nach den ägyptischen Wüstenmönchen, in: Sedmak, Clemens; Bogaczyk-Vomayr, Malgorzata (Hgg.): Patristik und Resilienz. Über die Seelenkraft. Patristisches Kolloquium, Berlin 2012, S.60.

[41] Ebenda, S.60.

[42] Miller, Bonifaz: Weisung der Väter. Apophthegmata Patrum, auch Gerontikon oder Alphabeticum genannt, Bautzen 1974, S.15 Nr.1.

[43] Ebenda, S.15 Nr.1, S.61 Nr. 149.

also willst du Getreide haben, wenn du nicht geerntet hast?" Da sprach der Alte zu ihm: „Nicht wahr, wenn einer nicht geerntet hat, bekommt er keinen Lohn?" Der Grundbesitzer antwortete: „Nein!" Und so ging der Greis heim. Die Brüder, die das beobachtet hatten, fielen von ihm nieder und wollten erfahren, warum er das getan habe. Der Greis erklärte ihnen: „Ich wollte nur ein Beispiel aufstellen, dass einer, der nicht arbeitet, von Gott keinen Lohn erhält."[44]

In konkreter Bezugnahme auf das Thema des Kapitels lässt sich ableiten, dass körperliche Tätigkeit als ein Weg zur Hesychia, eine spirituelle Funktion hat. Die Arbeit des Menschen ist in den Apophthegmen auch ein Zeugnis unbedingter Menschlichkeit. Die Natur des Menschen, als die eines mit Fehlern behafteten Sünders, wird darin deutlich, dass er sich selbst nicht erhöhen kann, sondern von irdischen Bedürfnissen abhängig ist. Die Wüstenväter und –mütter strebten ein Leben frei von menschlichen Leidenschaften, Versuchungen und Trieben an, wie die strenge Askese in allen Bereichen zeigt. Der vollständige Verzicht auf Nahrung und die Nicht- Anfechtung der Leidenschaften waren jedoch nicht zu realisieren. Diese Tatsachen, die die eigene menschliche Natur widerspiegeln, ist den Wüstenvätern und – müttern umso mehr bewusst gewesen:

Man erzählte von Altvater Johannes Kolobos, dass er einmal zu seinem älteren Bruder sagte: „Ich will ohne Sorgen sein, so wie die Engel sorglos sind, und nicht arbeiten, sondern unaufhörlich Gott dienen." Er legte sein Kleid ab und ging in die Wüste. Nachdem er eine Woche dort verbracht hatte, kehrte er zu seinem Bruder zurück. Als er an die Türe klopfte, erkannte ihn sein Bruder, bevor er öffnete und sprach: „Wer bist du?" Er antwortete: „Ich bin Johannes, dein Bruder!"
Der Bruder antwortete: „Johannes ist ein Engel geworden und gehört nicht mehr zu den Menschen." Da flehte er ihn an und sagte: „Ich bin es doch!" Der andere aber öffnete ihm nicht, sondern ließ ihn bis zum Morgen in dieser unbequemen Lage. Erst später öffnete er und sagte: „Wenn du ein Mensch bist, dann musst du arbeiten, damit du deine Nahrung findest." Da bereute Johannes und sagte: „Verzeih mir!"[45]

---

[44] Miller, Bonifaz: Weisung der Väter. Apophthegmata Patrum, auch Gerontikon oder Alphabeticum genannt, Bautzen 1974, S.97 Nr.252.
[45] ebenda, S. 115 Nr. 317.

4.2.3 Maßnahmen zur Gesunderhaltung

Im Apophthegma des Altvaters Agathon taucht ein, für die Kapitelthematik wesentlicher Begriff, auf, welcher die „Frucht" betrifft, also unser seelisches Erleben: Wachsamkeit. Ausgedehnt auf die Seelenhygiene heißt das, Wachsamkeit gegenüber den eigenen Gedanken als erster Ausdruck unseres Inneren walten zu lassen. In der Wachsamkeit gegenüber der Seele und den damit verbundenen inneren Gedanken liegt ein begünstigender Faktor der Heilung. Sie ist die Haltung der Nepsis[46] und als Mechanismus für die Kontrolle der Gedanken verantwortlich. Schlechte Gedanken, wie bereits oben erwähnt, bewirken die Entfernung von Gott, führen zu seelischem Ungleichgewicht und generieren somit die Erkrankung des Menschen. Jesus Christus, der als einziger Heilung spenden kann, ist es unmöglich zu helfen, sobald sich der Mensch in jener Disparität, im Zustand der Akedia befindet. Es ist daher notwendig, wachsam zu sein gegenüber den eigenen Gedanken und deren Qualität[47]. Wer in der Lage ist, seine Gedanken zu überprüfen und deren Eingang in den Geist zu kontrollieren[48], bleibt bewahrt vor der Akedia, befindet sich auf dem Weg der Hesychia und zugleich in einer ungebrochenen Gott-Mensch-Beziehung.

Die Wachsamkeit kann demnach als eines der ausgesprochen prägnanten „Maßnahmen" zur Gesunderhaltung betrachtet werden. In ihr vereint sich die Achtsamkeit gegenüber den eigenen Gedanken mit einem intensiven Streben nach Selbsterkenntnis[49].

Diese Selbsterkenntnis meint die genaue Beobachtung der eigenen seelischen Vorgänge, die durch eine konzentrierte Auseinandersetzung mit sich selbst zu Tage treten. Ist der Mensch in der Lage, sich selbst zu beobachten und seine Seele zu erkennen, kann er auch herausfinden, wo er selbst steht und wer er ist. An dieser Stelle lässt sich auch ein Bogen in die gegenwärtige Medizin spannen: Seelischer Erkrankung liegt oft die Frage nach der eigenen Identität zugrunde[50] Eine persönliche Sinn-und Lebenskrise wird meist dadurch verursacht, dass man selbst den Zugang zu sich und seinem eigenen Empfinden verloren hat. Für die

---

[46] Müller, Barbara: Der Weg des Weinens. Die Tradition des „Penthos" in den Apophthegmata Patrum, in: Forschungen zur Kirchen- und Dogmengeschichte, Göttingen 2000, S.207; vgl. auch: Müller, Barbara: Von der Kraft der Seele und der Spannkraft des Körpers nach den ägyptischen Wüstenmönchen, in: Sedmak, Clemens; Bogaczyk-Vomayr, Malgorzata (Hgg.): Patristik und Resilienz. Über die Seelenkraft. Patristisches Kolloquium, Berlin 2012, S.67.

[47] Miller, Bonifaz: Weisung der Väter. Apophthegmata Patrum, auch Gerontikon oder Alphabeticum genannt, Bautzen 1974, S.15 Nr.1 u.2; S.46/47 Nr.111; S.48 Nr.113.

[48] Ebenda, S.44 Nr.100; vgl. S.50 Nr.123.

[49] vgl. ebenda S.135 Nr.385; auch hierzu: Müller, Barbara: Von der Kraft der Seele und der Spannkraft des Körpers nach den ägyptischen Wüstenmönchen, in: Sedmak, Clemens; Bogaczyk-Vomayr, Malgorzata (Hgg.): Patristik und Resilienz. Über die Seelenkraft. Patristisches Kolloquium, Berlin 2012, S.55.

[50] Hell, Daniel: Die Sprache der Seele verstehen. Die Wüstenväter als Therapeuten, Freiburg im Breisgau ⁴2013, S.22.

Wüstenväter tritt zusätzlich die Erfahrbarkeit Gottes hinzu, die in solch einer Situation gleichermaßen blockiert ist.

Der Mensch ist jedoch nicht gefangen in dieser Blockade, sondern durchaus in der Situation, sein Selbst neu zu erarbeiten und seine seelischen Potentiale auszuschöpfen, um Strategien einer nachhaltigen Genesung zu entwickeln. Der kranke Mensch ist somit nicht passives Opfer einer Situation, da er als aktiv Handelnder einschreiten kann. In der heutigen Medizin bezeichnet man diesen Ansatz als Salutogenese[51], der, in den 1970er Jahren von Aaron Antonovsky entwickelt[52], die Gesundheit nicht als Zustand, sondern als Prozess ausweist, in welchem sich der Mensch stetig befindet. Salutogenese hinterfragt letztlich, was Gesundheit erhalten und fördern kann, ungeachtet bestehender Belastungen, und inwieweit der Mensch als mehr oder weniger krank bzw. gesund eingestuft werden kann.[53]

Dieses prozessuale Gesundheitsverständnis findet sich in den Apophthegmata Patrum wieder. Obwohl diese Ansätze nicht exakt gleichgesetzt werden können, ist zu bedenken, dass „moderne" Konzepte an weisheitliche Vorstellungen und Erfahrungsschätze vergangener Zeiten durchaus anknüpfen oder darauf aufbauen können. Neben Wachsamkeit und Selbsterkenntnis, spielen für die Wüstenväter noch einige weitere „Methoden" eine Rolle, die es vorzustellen lohnt. Den Aspekt der körperlichen Tätigkeit, der in 4.2.2 bereits ausführlich erläutert worden ist, soll in diesem Unterkapitel der Vollständigkeit halber erwähnt werden. Die therapeutische Funktion einer sinnstiftenden, den Alltag rhythmisierenden Tätigkeit, erkannten die Wüstenväter[54] und nutzten sie um ihr Gebet und die Intensivierung ihrer Gottesbeziehung zu unterstützen. In der heutigen Therapiewissenschaft wird gezielte Betätigung ebenfalls zur Unterstützung des Genesungsprozesses eingesetzt, um dem Klienten eine (Tages) Struktur wiederzugeben und das Selbstwertgefühl zu stärken. Zu einem stabilen Selbstwertgefühl zählt auch eine konstante Selbstliebe[55], die nicht auf der stetigen Erbringung absoluter Leistung beruht, sondern vielmehr eine vertiefte, positiv ausgerichtete Annahme der

---

[51] Hell, Daniel: Die Sprache der Seele verstehen. Die Wüstenväter als Therapeuten, Freiburg im Breisgau [4]2013 , S.21.

[52] vgl. hierzu: Antonovsky, Aaron: Salutogenese. Zur Entmystifizierung der Gesundheit, Tübingen 1997.

[53] Bengel, Jürgen; Strittmatter, Regine; Willmann, Hildegard: Was erhält Menschen gesund? Antonovskys Modell der Salutogenese. Diskussionsstand und Stellenwert, in: Bundeszentrale für gesundheitliche Aufklärung (Hrsg.): Forschung und Praxis der Gesundheitsförderung 6, Köln 2001, S.9 vgl.S.26.

[54] Miller, Bonifaz: Weisung der Väter. Apophthegmata Patrum, auch Gerontikon oder Alphabeticum genannt, Bautzen 1974, S.115 Nr.317; S.184 Nr.513.

[55] Müller, Barbara: Von der Kraft der Seele und der Spannkraft des Körpers nach den ägyptischen Wüstenmönchen, in: Sedmak, Clemens; Bogaczyk-Vomayr, Malgorzata (Hgg.): Patristik und Resilienz. Über die Seelenkraft. Patristisches Kolloquium, S.64; vgl. auch: Miller, Bonifaz: Weisung der Väter. Apophthegmata Patrum, auch Gerontikon oder Alphabeticum genannt, Bautzen 1974, S.185 Nr.517.

eigenen Person zum Ziel hat. Im Wissen um das eigene Unperfektsein, darf man sich selbst auch einmal mit Nachsicht begegnen ohne die Selbstreflexion zu verlieren.

Ein Mangel an Selbstliebe führt häufig zu übersteigertem Perfektionismus, der den Menschen schnell zur seelischen und körperlichen Erschöpfung bewegt. Krankheitliche Phänomene unserer Zeit, z.B. das Ausgebrannt sein (Burnout), sind auf einen solchen Erschöpfungszustand zurückzuführen. Die Wüstenväter wissen auch an dieser Stelle Rat, indem sie anmahnen, dass der Mensch nicht verschlungen werden darf von seinen Anstrengungen, sondern auch in dieser Hinsicht einen achtsamen Umgang mit sich selbst zu wahren hat. So pflegte Altvater Matoe zu sagen: *„Ich will lieber eine leichte, andauernde Beschäftigung, als eine schon im Anfang mühevolle, die rasch ermüdet.“*[56]

Eine weitere wichtige Maßnahme zum Erreichen der Hesychia, also dem, im übertragenen Sinn, gesundheitlichen Optimalzustand, liegt in der Askese. Unter Askese (griech.:"askesis") versteht man begriffsetymologisch v.a. die Übung, Einübung oder auch Pflege[57]. In der griechischen Antike umfasste die „askesis" zwei Bereiche, die sich zum einen auf die körperlichen, sportlichen Anstrengungen konzentrierte (was sich in „to soma askeein" =" den Körper bearbeiten" entfaltet), zum anderen auf die geistige Dimension, die als Übung zur Beherrschung und Kontrolle der Gedanken, Triebe und Handlungen des Gerechten diente[58]. Insbesondere unter den Sophisten, die als Gruppierung hochgebildeter Wanderlehrer[59] über umfassende Kenntnisse auf verschiedensten wissenschaftlichen Gebieten verfügten und deren Wirken auf das 4. Bis 5.Jh.v.Chr. eingegrenzt werden kann, wurde die Askese als Übung beinahe zu einer Technik ausgebaut. Sie sollte einen wesentlichen Baustein in der menschlichen Erziehung darstellen.[60] Askese ist bei Betrachtung der biblischen Vorstellungen ein Begriff, der zwei vollkommen unterschiedliche Verstehenshorizonte eröffnet: alttestamentlich gebraucht, entfaltet dieser Terminus wenig Bedeutung. In der Umwelt des Alten Testaments findet sich die Entsagung aller irdischen Attribute und v.a. der körperlichen Leidenschaften und Bedürfnisse nicht. Vielmehr dienen Entsagung bzw. Kasteiung, die vereinzelt auftreten (Jdt 8,5f), der religiösen Einübung, welche Gebete, Kulte und

---

[56] Miller, Bonifaz: Weisung der Väter. Apophthegmata Patrum, auch Gerontikon oder Alphabeticum genannt, Bautzen 1974, S.184 Nr. 513.

[57] Langenscheidts Großwörterbuch Altgriechisch (Menge-Güthling), Berlin [29]1997.

[58] Windisch, E.: Art. askeo, in: Theologisches Handwörterbuch zum NT, Bnd.1, Stuttgart 1949, S.492.

[59] Buchheim, Thomas: Art. Sophistik, in: Kaspar, Walter; Baumgartner, Konrad; Bürkle Horst (Hgg.): LThK 9;735; vgl. auch: Kenny, Anthony: Geschichte der abendländischen Philosophie 1.Antike, Darmstadt [2]2014, S.47ff.

Almosenspende umfasst, und mittels derer man „Gott gnädig stimmen und Verdienst erwerben will"[61].

Grundsätzlich gilt jedoch eine positive Bewertung der weltlichen Güter, des menschlichen Lebens und daran anknüpfend der menschlichen Natur, da diese von Gott gewollt und geschaffen ist.

Bezieht man die Askese auf den Bereich des Fastens entwickelt sich diese erst im Kontext neutestamentlicher Tradition von einer frei gewählten Aufgabe hin zu einem Anspruch christlicher Lebensführung (vgl. Lk 2,37; Apg 14,23). Dabei fordern die neutestamentlichen Schriften keine asketische Lebensweise, eröffnen jedoch in Anbetracht der Vergänglichkeit der Welt die Möglichkeit das Leben asketisch zu gestalten (1Kor 7,31). Jesus Christus selbst lebte- außer der Ehelosigkeit-nicht als Asket und legte die Askese auch nicht als Voraussetzung fest für seine Nachfolge.

Dass die christliche Askese Raum gewinnt, ist der Umwelt zu schulden, in die das Evangelium hineintritt. Askese war eine weithin bekannte Praxis, insbesondere aus dem hellenistischen Kontext, wo „philosophisches Leben in der Umwelt des Christentums weithin auch asketisches Leben"[62] gewesen ist. Auf diese Weise konnte ein Konkurrenzdenken zwischen der heidnisch-antiken Welt, in der „Philosophie und Askese gleichsam Religion"[63] sein wollte, und des Christentums erst entstehen. Eine, für die Christen „falsche Religion", die asketisches Leben praktizierte, konnte der wahren Religion des Christentums diesbezüglich in nichts nachstehen[64]. Askese konnte sich daher sowohl aufgrund bestehender antiker Einflüsse als auch durch eben jenes konkurrierende Denken als hoch respektable Leistung in der christlichen Lebenswelt integrieren.

Die Wüstenväter greifen die Askese v.a. in der Tradition der spirituellen Übung auf. Diese Übung beruht u.a. auf dem „Einüben" der Gedankenüberprüfung und-beherrschung, die als enger und beschwerlicher Weg gilt. Altvater Ammonas sagt über diesen Weg aus:

[...]" Der enge und beschwerliche Weg ist dieser: Seinen Gedanken Gewalt antun und Gottes wegen den eigenen Willen abschneiden. Das ist auch der Sinn des Wortes: ,Wir haben alles verlassen und sind dir nachgefolgt'"[65].

---

[61] Füglister, N.: Art. Entsagung, in: Haag, Herbert (Hg.): Bibel-Lexikon, 398.
[62] Frank, Karl Suso: Geschichte des christlichen Mönchtums, Darmstadt ⁶2010, S.7.
[63] Ebenda, S.7.
[64] Vgl. ebenda, S.7.
[65] Miller, Bonifaz: Die Weisung der Väter. Apophthegmata Patrum, auch Gerontikon oder Alphabeticum genannt, Bautzen 1974, S.51 Nr. 123; vgl. auch: S.44 Nr. 100 (Altvater Agathon).

Anhand verschiedener (Neben) Tätigkeiten, wie Fasten und körperliche Arbeit (z.B. in Form von Handarbeit) und der zentralen Betätigung im Gebet, soll die Askese dem Menschen als Unterstützung dienen und wird als wirksames Mittel auf dem Weg zur Hesychia verstanden. Das Fasten, also die Nahrungsaskese, ist in der Tradition der Wüstenväter ein Zustand, der nicht auf den absoluten, zwanghaften Nahrungsverzicht abzielt, sondern auf eine Übung zum Finden des rechten Maßes, d.h. zur Erkenntnis und Überwindung von Maßlosigkeit.

Amma Synkletika äußerst sich zum rechten Fasten in der Art, dass sie gutes und aufrichtiges Fasten von einer dämonischen, heuchlerischen Art und Weise zu unterscheiden weiß:

„Es gibt eine überspannte Askese, die vom Feinde ist. Denn auch seine Schüler über sie. Wie nun unterscheiden wir die göttliche, die königliche Askese von der tyrannischen, damönischen? Offenkundig durch das Maß. Alle deine Zeit sollst du eine Norm für das Fasten haben. Faste nicht vier oder fünf Tage, und brich es nicht die übrige Zeit durch eine Fülle der Speisen. Denn die Maßlosigkeit ist verderbenbringend. [...][66]

Zu Essen und zu Trinken sind fest integrierte Bestandteile des frühmonastischen Alltagslebens[67], da sie für die Funktionalität des Organismus unabdingbar sind. Besitzlosigkeit und Sorglosigkeit[68] als zwei weitere Maßnahmen zur Erreichung der Hesychia sind eng miteinander und zugleich mit der Askese verbunden. Der Anachoret soll sich darin üben, im Vertrauen auf Gott den Alltag zu bewerkstelligen. Diese Sorglosigkeit der Wüstenväter meint nicht einen überschwänglichen Realitätsverlust, sondern eine Befreiung von Sorgen in Hinblick auf die pagane und materialistisch ausgerichtete Welt und überdies das Ablegen von Blockaden, die durch zermürbende Gedanken hervorgerufen werden.

Ebenso wie die Sorglosigkeit trägt auch die Besitzlosigkeit einen v.a. innerlich befreienden Aspekt in sich. Der Mensch soll sich nicht auf irdische, vergängliche Güter fokusieren, da diese einen überschüssigen Ballast bilden, welcher die Seele beschwert und somit die Nachfolge Jesu Christi in Frage stellt:

Ein Bruder besuchte einen Altvater und sprach: „Mein Vater, erweise mir die Liebe und gib mir eine gute Lehre, was ich in meiner Jugend sammeln soll, um es im Alter zu besitzen."

---

[66] Miller, Bonifaz: Die Weisung der Väter. Apophthegmata Patrum, auch Gerontikon oder Alphabeticum genannt, Bautzen 1974, S.295 Nr. 906.
[67] ebenda, S.69 Nr.170; S.139 Nr.399; S.166 Nr.463.
[68] Müller, Barbara: Von der Kraft der Seele und der Spannkraft des Körpers nach den ägyptischen Wüstenmönchen, in: Sedmak, Clemens; Bogaczyk-Vomayr, Malgorzata (Hgg.): Patristik und Resilienz. Über die Seelenkraft. Patristisches Kolloquium, S.58/59.

Der Altvater antwortete ihm: „Entweder erstrebe Christus und denke nur an ihn, oder sammle Geld damit du nicht zu betteln brauchst; es ist deine Sache, ob du Gott zum Herrn wählst oder den Mammon."

Die Besitzlosigkeit ist daher nicht als Verzicht, sondern als Bereicherung gedacht, um die Gottesbeziehung zu stärken, die in ihrer Stabilität als einzige seelische Heilung versprechen kann. In Anbetracht des begrenzten Rahmens dieser Arbeit möchte ich in diesem Kapitel nur noch auf zwei „gesundheitliche Maßnahmen" eingehen, die ich für mich herausarbeiten konnte. Hierzu zählen die Praktik der Stille[69] oder des Schweigens sowie die des Weinens. In Bezug auf die Gesunderhaltung des Menschen sind diese Methoden nicht außer Acht zu lassen. Die Wüstenväter und –mütter nutzten die Stille, um offen zu sein für die Kommunikation mit Gott im Gebet und mit sich selbst. Die Betonung der Stille trägt verschiedene gesundheitsfördernde Aspekte in sich: Sie senkt die äußeren Reize herab, sodass es möglich wird in sich hineinzuhören und die Ruhe des äußeren Raumes in der Wechselwirkung mit sich selbst widergespiegelt zu sehen. Äußere Ruhe bewirkt folglich innere Ruhe und nimmt die Geschwindigkeit aus dem Alltagsgeschehen. Die Verbindung einer reizarmen Umgebung mit der Möglichkeit, Körper und Geist zu entschleunigen und der Ruhe zuzuführen, kann der erste Schritt sein, zum Zentrum der Persönlichkeit vorzudringen. Doch erst mit den Tränen, die beim Weinen entstehen, kann der Zugang zur Seele erfolgen[70], zum Herzen, folglich zur eigenen Persönlichkeit. Sie tragen eine herausgehobene Bedeutung bei den Wüstenvätern und sind, entgegen der häufigen Auslegung als Zeichen der Schwäche, ein Mittel der inneren, seelischen Heilung[71]. Der Körper drückt aus, was die Seele empfindet und überdies nimmt der Körper Anteil an den seelischen Vorgängen. Eine Einheit zwischen Leib und Seele entsteht, sodass die Verbindung von „Frucht" und „Blättern", sowie Altvater Agathon sie beschreibt[72], gelingen kann. Die Fähigkeit Weinen zu können, heißt, Anteil zu nehmen am eigenen und fremden Leid und somit die Hesychia zu verfolgen. Verliert ein Mensch diese Fähigkeit, wird er im Verständnis der Wüstenväter krank, da Weinen die

---

[69] Müller, Barbara: Von der Kraft der Seele und der Spannkraft des Körpers nach den ägyptischen Wüstenmönchen, in: Sedmak, Clemens; Bogaczyk-Vomayr, Malgorzata (Hgg.): Patristik und Resilienz. Über die Seelenkraft. Patristisches Kolloquium, S.58.

[70] Miller, Bonifaz: Die Weisung der Väter. Apophthegmata Patrum, auch Gerontikon oder Alphabeticum genannt, Bautzen 1974; S.38 Nr.79; S.81 Nr.192; S.171 Nr.480; S.218 Nr.613; S.235 Nr.693.

[71] Müller, Barbara: Tränen um Gottes Willen. Vortrag im Rahmen der 50. Lindauer Psychotherapiewochen, Lindau 2008, S.2.

[72] Miller, Bonifaz: Die Weisung der Väter. Apophthegmata Patrum, auch Gerontikon oder Alphabeticum genannt, Bautzen 1974, S.42 Nr.90.

Grundvoraussetzung für Empathie und seelische Reinigung darstellt. Besonders eindrücklich formuliert Abbas Poimen diese reinigende Funktion des Weinens:

[...] Wer sich von seinen Sünden reinigen will, der reinigt sie durch Beweinen. Und wer Tugenden erwerben will, der erwirbt sie durch Weinen. Denn das Weinen ist der Weg, den uns die Schrift überliefert hat und auch unsere Väter, indem sie sagten: ‚Weinet! (vgl. Lk 6,21; 23; 28). Einen anderen Weg als diesen gibt es nicht!'" [73]

Ein Unvermögen zur Katharsis zieht psychische Erkrankung nach sich. Weinen ist daher umso mehr, im Prozess der seelischen Krisenbewältigung, ein notwendiger und wichtiger Beitrag, da er, vom Zusammenbruch ausgehend, den Weg zu Neuanfang, Veränderung, Erkenntnisgewinn und seelischem Wiederaufbau bereithält[74]

4.3 Was ist Krankheit für die Wüstenväter und –mütter und worin besteht deren Ursache?

Nachdem eine Begriffsdefinition von Gesundheit in den Apophthegmata Patrum versucht wurde, um im Anschluss auf etwaige Maßnahmen zu deren Erhaltung aufmerksam zu machen, kann man sich im nächsten Punkt der Definition von Krankheit zuwenden.

Da für die Wüstenväter das Krankheitsverständnis psychosomatisch ausgerichtet ist, steht die erkrankte Seele als Ausgangspunkt auch für körperliches Leid[75].

Die Akedia als entgegengesetzter Weg zur Hesychia gilt hierbei als eine Form der Erkrankung, die die „Verrohung der Seele"[76] zur Folge hat und den Zustand der Gottesferne bedeutet, welches psychisches Leid im Menschen hervorruft.

Diese Krankheitsdimension ist in den Apophthegmata Patrum diejenige, die am meisten überwiegt und von welcher die körperlichen Erkrankungen ausgehen. Daher ist Krankheit ein

---

[73] Miller, Bonifaz: Die Weisung der Väter. Apophthegmata Patrum, auch Gerontikon oder Alphabeticum genannt, Bautzen 1974, S.235 Nr.693.

[74] Lang, David: Lachen und Weinen als Resilienzfaktoren und als Beschreibung des Resilienzprozesses, in: Sedmak, Clemens; Bogaczyk-Vomayr, Malgorzata (Hgg.): Patristik und Resilienz. Über die Seelenkraft. Patristisches Kolloquium, Berlin 2012, S.166.

[75] Ebenda, S.160; vgl. auch: Miller, Bonifaz: Die Weisung der Väter. Apophthegmata Patrum, auch Gerontikon oder Alphabeticum genannt, Bautzen 1974, S.114 Nr. 311.

[76] Müller, Barbara: Von der Kraft der Seele und der Spannkraft des Körpers nach den ägyptischen Wüstenmönchen, in: Sedmak, Clemens; Bogaczyk-Vomayr, Malgorzata (Hgg.): Patristik und Resilienz. Über die Seelenkraft. Patristisches Kolloquium, S.60.

seelischer Zustand, körperliches Leid folglich ein verstandener Ausdruck des inneren Leides, dem eine geschwächte Gott-Mensch- Beziehung zugrunde liegt.

4.3.1 Funktionalität von Krankheit

4.3.1.1 Krankheit als gottgegebene Herausforderung und Betätigungsfeld der Askese

Interessanterweise wohnen der Krankheit verschiedene Funktionen inne, die in den Apophthegmen beschrieben werden[77]. Vereinzelt werden auch andere Ursachen benannt, die Krankheit bewirken können. So sieht bspw. Amma Synkletika dämonische, teuflische Einflüsse als Ursprung schwerer Krankheit und führt diese, ganz im Sinne alttestamentlicher Tradition, auf Gott zurück, der diese als Möglichkeit der Läuterung des Menschen in Betracht zieht.

Die Krankheit diene demzufolge als Warnung vor Kleinmut, da sie die Liebe Gottes infrage stelle[78]. Der Einfluss des Teufels, des Bösen, spiele hierbei eine zentrale Rolle. Amma Synkletika schreibt hierzu:

[...] Vielfach sind die Nachstellungen des Teufels.
[...] Wenn er durch Gesundheit Niederlagen einstecken muss, macht er den Leib krank:
Er führt gewisse schwere Krankheiten herbei, wenn es ihm erlaubt wird, um bei denen, die
kleinmütig werden, die Liebe Gottes zu verdunkeln.[...][79]

Befindet sich der Mensch in erkranktem Zustand, so ist dieser nicht von Endgültigkeit gezeichnet, sondern kann erhofftes Geschenk sein, welches man dankbar annehmen sollte:

Ein Altvater sagte: „Wenn dir eine körperliche Krankheit zustößt, dann werde nicht
kleinmütig; denn wenn Gott will, dass dein Körper schwach werde, wer bist du, dass du das
unwillig aufnehmen dürftest? [...]

---

[77] Miller, Bonifaz: Die Weisung der Väter. Apophthegmata Patrum, auch Gerontikon oder Alphabeticum genannt, Bautzen 1974, S.292 Nr. 898; S.293 Nr.899; S.158 Nr.450; S.147 Nr.424; S.134 Nr.381; S.216 Nr. 603; S.390 Nr.1139; S.400 Nr.1154.
[78] Eibach, Ulrich: Art. Krankheit (theologisch), in: Kaspar, Walter; Baumgartner, Konrad; Bürkle Horst (Hgg.): LThK 6, 428.
[79] Miller, Bonifaz: Die Weisung der Väter. Apophthegmata Patrum, auch Gerontikon oder Alphabeticum genannt, Bautzen 1974, S.292 Nr.898.

Trage es also geduldig und bitte ihn, er wolle dir geben, was du brauchst, das heißt, dass du tust, was sein Wille ist, und bleib sitzen in Geduld und genieße in Liebe, was du besitzest.

Am erkrankten Gerechten (vgl. Ijob) kann Gott seine Größe offenbaren oder, wie Amma Synkletika es beschreibt:

[...] „wenn du als Gerechter der Krankheit verfällst, so wirst du vom Großen zum Größeren fortschreiten".[80]

Krankheit verstärkt für die Wüstenväter und –mütter die Haltung der Demut und zwingt den Menschen zur Selbstreflexion und Pflege der Gottesbeziehung[81]. Sie kann dazu beitragen, sich und seine Haltung zum Glauben zu prüfen und lässt zugleich die Bedeutsamkeit der Seele zum Vorschein treten, der immer noch eine herausgehobene Stellung gegenüber dem Leib innewohnt[82].

Daraus lässt sich eine eher positive Betrachtungsweise von Krankheit schlussfolgern. Eine Erkrankung findet durch den Zustand seelischer Blockade und Gottesferne ihren Beginn, kann aber, wenn sie zum Ausbruch kommt, genutzt werden, um sich Gott zuzuwenden und zu sich selbst zurückzufinden. Krankheit kann somit Anlass bieten zur inneren Gesundung und Verherrlichung Gottes; die Heilung ist durch die Annäherung an Gott implizit.

Gelingt die Genesung, so ist ihr ebenso mit Dankbarkeit zu begegnen, wie dem anhaltenden Zustand fortwährender Erkrankung, da sie den Anachoreten zwingt, sich weiterhin in der Askese zu betätigen und der Gottesbeziehung zu widmen. So entgegnete Altvater Isaak seinem Mitbruder, als dieser ihn im Zustand der Krankheit der Stärkung wegen füttern wollte, ablehnend: *„Wahrhaftig Bruder, ich wollte in dieser Krankheit dreißig Jahre verbleiben."*[83] Altvater Longinos sieht in der Krankheit sogar einen klaren Auftrag an das Selbst, sich in strenger Askese zu üben, wie folgendes Apophthegma demonstriert:

„Geht es dir einmal schlecht, dann sprich: Werde noch kränker und stirb! Und wenn du mich bittest, außer der Zeit zu essen, dann gebe ich dir nicht einmal die tägliche Nahrung."

Krankheit ist für die Wüstenväter gleichermaßen Herausforderung als auch Möglichkeit, den Nutzen zu erkennen, über sich und die eigene Gottesbeziehung reflektieren zu können.

---

[80] Miller, Bonifaz: Die Weisung der Väter. Apophthegmata Patrum, auch Gerontikon oder Alphabeticum genannt, Bautzen 1974, S.292 Nr.898.
[81] ebenda, S.400 Nr.1154.
[82] vgl. ebenda, S.77 Nr.186.
[83] Vgl. ebenda, S.134 Nr.381.

Somit erweist sich Krankheit als beinahe willkommene Möglichkeit, sich in Fasten, Gedankenprüfung, Demut und letztlich auch im Erreichen der Herzensruhe, dem „gesündesten" aller Zustände zu üben, was jedoch nur Wenigen vergönnt ist, wie Altvater Poimen über den Abbas Kopris zu berichten weiß: „ *Er erreichte ein solches Maß, dass er krank und bettlägerig Dank sagte und seinem eigenen Willen Einhalt gebot.* "[84]

4.3.1.2 Krankheit als Aufforderung praktizierter Nächstenliebe

Die Sichtweise, Krankheit als eine von Gott gegebene Herausforderung und Chance zu betrachten, impliziert nicht automatisch, dass diese Beurteilung gegenüber der Erkrankung des Mitmenschen erfolgt. Die positive Bewertung steht nur dem Erkrankten selbst über dessen eigene Erkrankung zu, nicht jedoch über die seines Nächsten. Hierzu steht das Doppelgebot der Liebe (Mt 22,37-39) und der damit verbundene Dienst an den Kranken weit über der asketischen Lebensweise:

Ein Bruder fragte einen Altvater: Ich kenne zwei Brüder, von denen sich der eine ruhig in seinem Kellion verhält, ohne Unterbrechung sechs Tage lang fastet und sich schwere Arbeiten auflädt. Der andere aber dient den Kranken. Welcher von beiden handelt Gott wohlgefälliger?

Der Altvater antwortete: Und wenn jener, der sechs Tage lang fastet, sich auch noch dazu an der Nase aufhinge so käme er noch lange nicht dem gleich, der den Kranken dient.[85]

Den Kranken zu dienen und dadurch dem Gebot der Nächstenliebe zu folgen, welches Jesus Christus aufgetragen hat (vgl. Lk 10,27; Mk 12,31; Mt 22,39), stärkt die Gottesbeziehung mehr als jede Form praktizierter Askese.

Der erkrankte Mensch soll nicht verlassen sein von seinen Nächsten, sondern in der Suche nach Gott und somit nach Heilung auch Liebe und Begleitung erfahren. In gewisser Weise ist praktizierte Nächstenliebe auch immer eine Ausprägung der askesis, möchte man sie als sittliche „Übung in den Tugenden"[86] verstehen. Die Begleitung des Kranken stärkt daher nicht nur die eigene Gottesbeziehung, was seelische Gesundheit begünstigt, sondern bestärkt zudem

---

[84] Miller, Bonifaz: Die Weisung der Väter. Apophthegmata Patrum, auch Gerontikon oder Alphabeticum genannt, Bautzen 1974, S.155 Nr.442.
[85] ebenda, S.415 Nr.1176.
[86] Frank, Karl Suso: Die Geschichte des christlichen Mönchtums, Darmstadt ⁶2010, S.3.

den Kranken in dessen Ersuchen nach Heilung, die nur Jesus Christus, der „medicus et
salvator noster", der „Christus medicus"[87], gewähren kann:

Ein Bruder diente einem Vater. Eines Tages entstand am Körper des Greises eine Wunde, aus
der viel stinkender Eiter floss. Da sprach der eigene Gedanke zu jenem Bruder, der ihm
diente: Geh fort von hier, denn du kannst den Gestank dieser Fäulnis nicht ertragen. Der
Bruder aber nahm ein Gefäß und wusch die Wunde des Vaters und sammelte dieses Wasser in
dem Gefäß. Um nun diesen Gedanken zu vertreiben, trank er dieses Wasser, sooft ihn
dürstete. Da machte sich wieder ein Gedanke an ihn heran und flüsterte ihm ein:
Wenn du schon nicht fliehen kannst, dann trink wenigstens diesen Gestank nicht.
Der Bruder aber arbeitete weiter und mühte sich und ertrug alles geduldig und trank das
Waschwasser der Wunde jenes Greises. Und da er so dem Greise diente, sah Gott auf die
Liebe seiner Arbeit und wandelte jenes Waschwasser der Wunde in reinstes Wasser um und
heilte durch eine unsichtbare Arznei den Greis.[88]

4.3.2 Vergleich der Definitionen

Nach der Untersuchung des Krankheitsverständnisses der Wüstenväter und der
unterschiedlichen Betrachtungsweisen sowohl in der Medizin als auch in den Schriften des
Alten und des Neuen Testaments bietet sich ein abschließender Vergleich an. Wie bereits
angedeutet, finden sich biblische Vorstellungen in der Weisheitsliteratur wieder und auch die
Definition psychischer Gesundheit im medizinischen Kontext knüpft an einige Sichtweisen
der Wüstenväter an. Das vollkommene seelische Wohlbefinden und Gleichgewicht, wie es
dem medizinischen Begriff der psychischen Gesundheit entspricht, lässt sich mit der Hesychia
der Wüstenväter jedoch nur teilweise verbinden. Der medizinische Begriff richtet sich
vorrangig auf das Individuum und dessen Befinden aus, während die Wüstenväter vor allem
die Beziehung des Menschen zu Gott im Blick haben. Nichtsdestotrotz führt eine stabile
Gottesbeziehung nicht an einem positiven Selbstbild vorbei. Das „Mit-sich-selbst-im-Reinen-
sein" ist eine wesentliche Grundlage für jegliche Form von Beziehung und Nähe, eben auch
jene Nähe des Menschen zu Gott.

---

[87] Schipperges, Heinrich: Art. Krankheit (Krankheit als Weg zur geistigen Läuterung) in: Müller, Gerhard
(Hrsg.): TRE 6, 689.
[88] Miller, Bonifaz: Die Weisung der Väter. Apophthegmata Patrum, auch Gerontikon oder Alphabeticum
genannt, Bautzen 1974, S.417 Nr.1180.

Betrachtet man die biblischen Motive, finden sich einige Einflüsse wieder. Die Vorstellungen des AT, dass Krankheit von dämonischen Einwirkungen getragen werden könne, aber auch der Läuterung des Menschen dienlich sei, finden wir z.b. bei Apophthegmen der Amma Theodora oder der Amma Synkletika.

Die „neue" Funktion der Verherrlichung Gottes, die Jesus Christus im Neuen Testament der Krankheit beimisst, wird auch in den Logien der Wüstenväter aufgegriffen. Im körperlichen Leid wird zudem die Herrlichkeit der Seele umso sichtbarer.

Obwohl Parallelen und Einflüsse deutlich erkennbar sind, prägen die Wüstenväter eine dennoch neue Sichtweise auf das Phänomen der Erkrankung. Sowohl mit dem Ziel der Hesychia als Zustand vollkommener Gesundung und des Vereint Seins mit Gott, welches es ein Leben lang anzustreben gilt, als auch mit der positiven Nutzung der Krankheit als Anreiz, um über sich und seine Gottesbeziehung zu reflektieren, schaffen die Wüstenväter ein ganz eigenes Verständnis. Die Krankheit als Strafe Gottes im Alten Testament, höchstens mit dem Aspekt der Umkehr behaftet, wird um die Chance auf wirkliche Veränderung und Neuanfang erweitert. Gesundheit ist kein selbstverständliches Gut, daher ist es zu bewahren und zu schützen. Dies geschieht durch die Überprüfung und Reinigung der Seele von schlechten Gedanken, Worten und Werken, die Sünde generieren und somit Krankheit auslösen.

5. Schlussbetrachtung

Die Klärung der Frage, ob den Wüstenvätern und Wüstenmüttern ein Begriffsverständnis von Gesundheit und Krankheit zugrunde lag, lässt sich deutlich verifizieren, die Art und Weise ihrer Definition weicht jedoch von dem klassischen medizinischen Verständnis ab. Der Fokus der Wüstenväter und –mütter gilt der psychosomatischen Ebene und jede Form der körperlichen Erkrankung lässt sich rückbeziehen auf ein seelisches Ungleichgewicht. Die Beziehung zur eigenen Persönlichkeit ist gestört und in besonderem Maße die Beziehung zu Gott, die Kern und Ursache der menschlichen Erkrankung bildet. Da der Mensch von Geburt an die Nähe Gottes sucht, ist er ein ohnehin Kranker, von Gott Entfernter, der sich zeit seines Lebens als von den Leidenschaften Angefochtener in der Pflege dieser Verbindung üben muss. Körperliches Leid ist ein Ausdruck der seelischen Erkrankung, die als „akedia" bezeichnet werden kann. Dieser Zustand blockiert den eigentlichen Weg der Gesundung, dessen Zielsetzung es ist, die Herzensruhe (hesychia) zu erreichen.

Der Mensch ist der Krankheit jedoch nicht hilflos ausgeliefert, sondern in der Lage, sich verschiedener Maßnahmen zu bedienen, die sich seiner Gesunderhaltung oder Genesung als vorteilhaft erweisen. Zu diesen zählen in besonderem Maße die seelische Hygiene, der die wachsame Überprüfung der eigenen Gedanken, eine vertiefte Selbsterkenntnis und –reflexion zugrunde liegen. Geübt werden können diese Formen der Achtsamkeit in der intensiven Auseinandersetzung mit sich selbst, die in reizarmer Umgebung oftmals schmerzlich, aber dadurch umso reinigender sein kann. Tränen dürfen bzw. sollen in diesem Zusammenhang vergossen werden, da sie die Seele in einen Fluss bringen und den Zugang zum Inneren sowie zur eigenen Körperlichkeit ermöglichen. Durch das Weinen werden Seele und Körper vereinigt und die psychosomatische Ausprägung von Krankheit am deutlichsten.

Gesundheit als Gegenpol zur Krankheit des Menschen ist ein Zustand, den es gleichermaßen zu erzielen wie zu bewahren gilt, weshalb die Maßnahmen zur Heilung eigentlich mit denen zur Gesunderhaltung korrelieren.

Einzig Gott selbst ist in der Lage, Genesung zu gewähren, sodass die Heilung letztlich von Gott kommt, die Bestrebungen zur Gesunderhaltung jedoch dem Menschen obliegen.

Ist der Mensch in Krankheit verhaftet, so wendet er sich den so wichtigen Praktiken zu, die er auch in der Bewahrung seiner Gesundheit übt, führt sich jedoch seine Situation unter dem Aspekt vor Augen, sich selbst noch gezielter und intensiver zu prüfen und sich demütig und dankbar Gott zuzuwenden. Für den Menschen ist die Krankheit im Verständnis der Wüstenväter ebenso Ausgangspunkt für Heilung und einer Stärkung der eigenen Persönlichkeit und v.a. der Gott-Mensch-Beziehung. Auf diese Weise erhält Krankheit wiederum eine positive Konnotation ohne sie zu relativieren. Vielmehr kann sie dem Menschen Antrieb geben, über sich zu reflektieren und sich mit den wesentlichen Aspekten seines Lebens auseinanderzusetzen.

Möchte man einen Mehrwert aus der weisheitlichen Literatur ziehen, so liegt dieser sowohl im (positiven) Umgang mit der Erkrankung als auch in den Maßnahmen zur Gesunderhaltung, in denen deutlich aufgezeigt werden kann, dass Gesundheit kein selbstverständliches Gut und insbesondere die Beachtung der seelischen Gesundheit von herausgehobener Bedeutung ist. Erkannt wird dieser Mehrwert in zahlreichen Ratgebern für ein gutes und gelingendes Leben, die in besonderer Weise von der heutigen sehr beschleunigten, von Ausgebrannt sein bedrohten Gesellschaft dankbar angenommen werden. Vor allem jedoch liegen die Potentiale dieses umfangreichen Verständnisses von seelischer Krankheit und Gesundheit, wie wir sie in den Apophthegmata Patrum finden, in den Bereichen der psychosomatischen Medizin und allen Bereichen der psychotherapeutischen Intervention. So bilden Salutogenese und

Achtsamkeit keine neu entdeckten Konzepte für eine gesunde Lebensführung und ein Bild des Menschen als aktiv Handelnder in seiner Situation, sondern gründen vielmehr auf den Vorstellungen der weisheitlichen Literatur, wenn diese auch noch keine adäquaten Bezeichnungen hierzu lieferten.

Zusammenfassend kann geklärt werden, dass sich Gesundheit in einem universellen seelischen und körperlichen Gleichgewicht und einer stabilen Gottesbeziehung zeigt, die einen hohen Grad an Selbsterkenntnis einbezieht. Krankheit lässt das innere Gleichgewicht und die Verbindung zu Gott aus den Fugen geraten, kann jedoch zugleich Ausgangspunkt für eine erneute Ausrichtung auf die Hesychia bedeuten und eine Hinwendung zu Gott, die allein das Heil spendet und die menschliche Seele vollends genesen lässt.

Literatur- und Quellenverzeichnis

Primärquellen

Miller, Bonifaz: *Weisung der Väter. Apophthegmata Patrum, auch Gerontikon oder Alphabeticum genannt,* Bautzen 1974.

Die Bibel. Altes und Neues Testament. *Einheitsübersetzung,* Freiburg im Breisgau 1999.

Sekundärliteratur

Lexika und Nachschlagewerke

Kaspar, Walter; Baumgartner, Konrad; Bürkle, Horst (Hgg*.): Lexikon für Theologie und Kirche 6: Kirchengeschichte bis Maximianus,* Freiburg u.a. [3]1997.

Kaspar, Walter; Baumgartner, Konrad; Bürkle, Horst (Hgg.): *Lexikon für Theologie und Kirche 9: San bis Thomas,* Freiburg u.a. [3]2000.

Müller, Gerhard (Hrsg.): *Theologische Realenzyklopädie 19: Kirchenrechtsquellen bis Kreuz,* Berlin, New York 1990.

Haag, Herbert (Hrsg.): *Bibel-Lexikon,* Leipzig 1969.

Menge, Hermann: *Langenscheidts Großwörterbuch Altgriechisch-Deutsch unter Berücksichtigung der Etymologie,* Berlin [28]1994.

Markgraf, Jürgen; Maier Wolfgang (Hgg.): *Pschyrembel. Psychiatrie. Klinische Psychologie. Psychotherapie,* Berlin [2]2012.

Monographien

Hell, Daniel: *Die Sprache der Seele verstehen. Die Wüstenväter als Therapeuten*, Freiburg im Breisgau [4]2013.

Frank, Karl Suso: *Geschichte des christlichen Mönchtums*, Darmstadt [6]2010.

Kenny, Anthony: *Geschichte der abendländischen Philosophie 1. Antike*, Darmstadt [2]2014.

Aufsätze in Sammelbänden

Müller, Barbara: *Von der Kraft der Seele und der Spannkraft des Körpers nach den ägyptischen Wüstenmönchen*, in: Sedmak, Clemens; Bogaczyk-Vomayr, Malgorzata (Hgg.): *Patristik und Resilienz. Über die Seelenkraft. Patristisches Kolloquium*, Berlin 2012.

Müller, Barbara: *Der Weg des Weinens. Die Tradition des „Penthos"in den Apophthegmata Patrum*, in: *Forschungen zur Kirchen-und Dogmengeschichte*, Göttingen 2000.

Lang, David: *Lachen und Weinen als Resilienzfaktoren und als Beschreibung des Resilienzprozesses*, in: Sedmak, Clemens; Bogarczxk-Vomayr, Malgorzata (Hgg.): *Patristik und Resilienz. Über die Seelenkraft. Patristisches Kolloquium*, Berlin 2012.

Puijula, Martin: *Körper und christliche Lebensweise. Clemens von Alexandria und sein Paidagogos*, in: Brandes, Wolfgang; Demandt, Alexander; Krasser, Helmut (Hgg.), *Millenium Studien zu Kultur und Geschichte des ersten Jahrhunderts n.Chr.*, Berlin 2006.

Sonstige Publikationen

Müller, Barbara: *Tränen um Gottes Willen. Vortrag im Rahmen der 50. Lindauer Psychotherapiewochen*, Lindau 2008.

Bengel, Jürgen; Strittmatter, Regine; Willmann, Hildegard: *Was erhält Menschen gesund? Antonovskys Modell der Salutogenese. Diskussionsstand und Stellenwert*, in: Bundeszentrale für gesundheitliche Aufklärung (Hrsg.): Forschung und Praxis der Gesundheitsförderung 6, Köln 2001.